Impressum
Verlag: BABADADA GmbH, Nedderfeld 112 , 22529 Hamburg
Geschäftsführer / Verlagsleitung: Harald Hof
Druck: Books on Demand GmbH, In de Tarpen 42, 22848 Norderstedt

Imprint
Publisher: BABADADA GmbH, Nedderfeld 112 , 22529 Hamburg, Germany
Managing Director / Publishing direction: Harald Hof
Print: Books on Demand GmbH, In de Tarpen 42, 22848 Norderstedt, Germany

школа

shkolla

классная комната
klasa

делить
pjesëtim

186/2

доска
tabela

учитель
mësues

школьный двор
oborr shkolle

бумага
letër

писать
shkruaj

ручка
stilolaps

письменный стол
tavolinë

линейка
vizore

книга
libri

ученик
nxënës

ранец

çantë

пенал

mbajtëse lapsash

карандаш

laps

точилка

mprehës lapsash

ластик

gomë

альбом для рисования

fletore vizatimi

рисунок

vizatim

кисточка

penel

коробка красок

kuti bojërash

ножницы

gërshërë

клей

ngjitës

тетрадь

fletore detyrash

домашняя работа

detyrë shtëpie

цифра

numër

прибавлять

mbledh

вычитать

zbres

умножать

shumëzoj

считать

llogaris

буква

gërmë

алфавит

alfabeti

слово

fjalë

текст

tekst

читать

lexoj

мел

shkumës

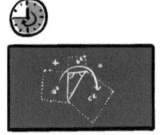

урок

mësim

классный журнал

regjistër

экзамен

provim

диплом

çertifikatë

школьная форма

uniformë shkolle

образование

arsimim

энциклопедия

enciklopedia

университет

universitet

микроскоп

mikroskop

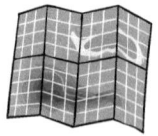

карта

hartë

корзина для бумаг

kosh letrash

путешествие
udhëtim

Grand
гостиница
hotel
турбаза
bujtinë
ROOMS
CHANGE
пункт обмена валюты
pikë këmbimi valutor
чемодан
valixhe
автомобиль
makinë

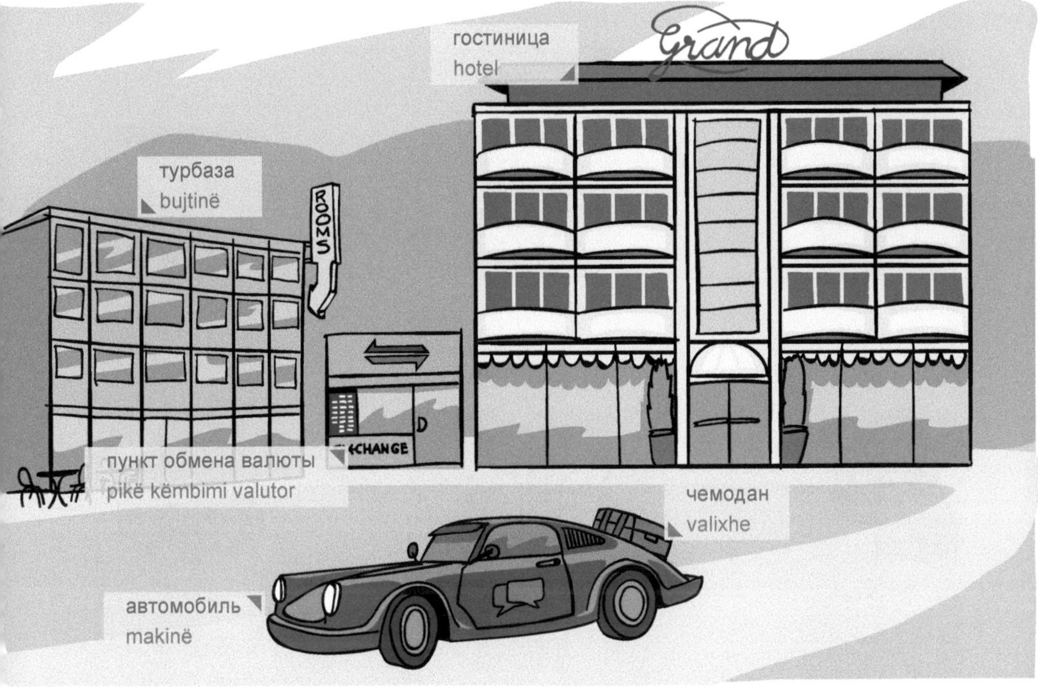

язык

gjuhë

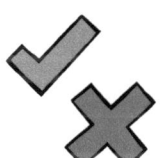

да / нет

po / jo

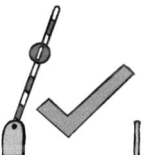

хорошо

Në rregull

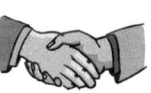

Привет

ç'kemi

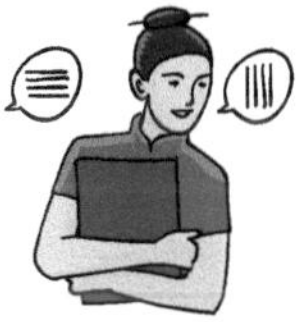

переводчик

përkthyes

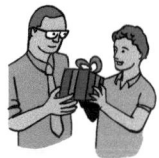

Спасибо

Faleminderit

Сколько стоит…?

sa kushton…?

Я не понимаю

nuk e kuptoj

проблема

problem

Добрый вечер!

Mirëmbrëma!

Доброе утро!

Mirëmëngjes!

Доброй ночи!

Natën e mirë!

До свидания

mirupafshim

направление

drejtim

багаж

bagazhet

сумка

çantë

рюкзак

çantë shpine

гость

mysafir

комната

dhomë

спальный мешок

thes gjumi

палатка

tendë

туристическая информация
informacion për turistët

пляж
plazh

кредитная карточка
kartë krediti

завтрак
mëngjes

обед
drekë

ужин
darkë

билет
Biletë

лифт
ashensor

почтовая марка
pulla

граница
kufi

таможня
doganë

посольство
ambasadë

виза
vizë

паспорт
pasaportë

транспорт
transport

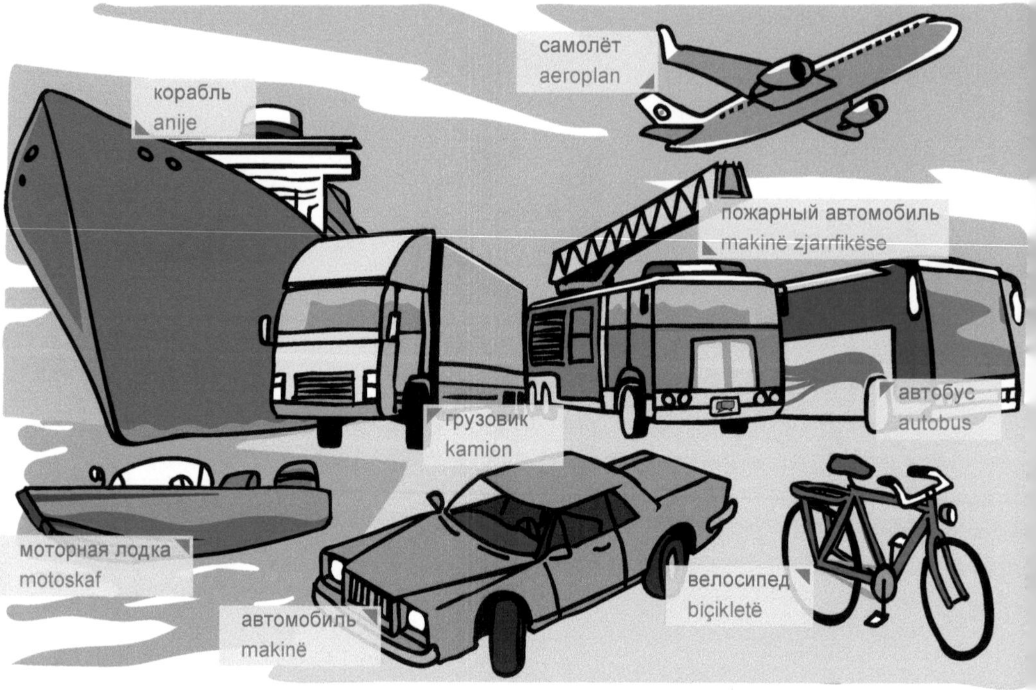

самолёт
aeroplan
корабль
anije
пожарный автомобиль
makinë zjarrfikëse
автобус
autobus
грузовик
kamion
моторная лодка
motoskaf
велосипед
biçikletë
автомобиль
makinë

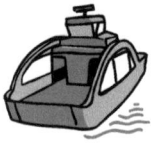

паром
traget

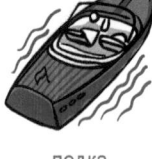

лодка
varkë

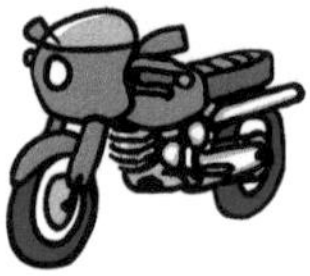

мотоцикл
motoçikletë

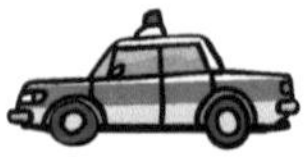

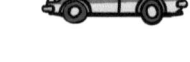

полицейский автомобиль
makinë policie

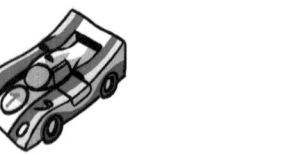

гоночный автомобиль
makinë garash

арендованный автомобиль
makinë me qira

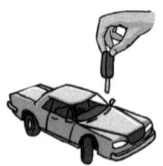

совместное пользование
автомобилями

ndarje e qirasë së makinës

буксировочный
автомобиль
karroatrec

мусоровоз

makinë plehrash

двигатель

motor

топливо

benzinë

заправка

pikë karburanti

дорожный знак

sinjalistikë trafiku

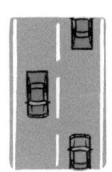

движение

trafik

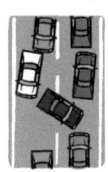

пробка

bllokim trafiku

автостоянка

parkim makinash

вокзал

stacion treni

рельсы

trase

поезд

tren

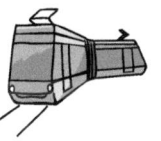

трамвай

tramvaj

вагон

karro

вертолёт

helikopter

аэропорт

aeroport

вышка

kullë

пассажир

pasagjer

контейнер

kontenier

коробка

kuti kartoni

тележка

qerre

корзина

shportë

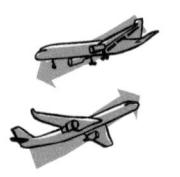

взлетать / приземляться

ngrihem / ulem

город

qytet

деревня

fshat

центр города

qendra e qytetit

дом

shtëpi

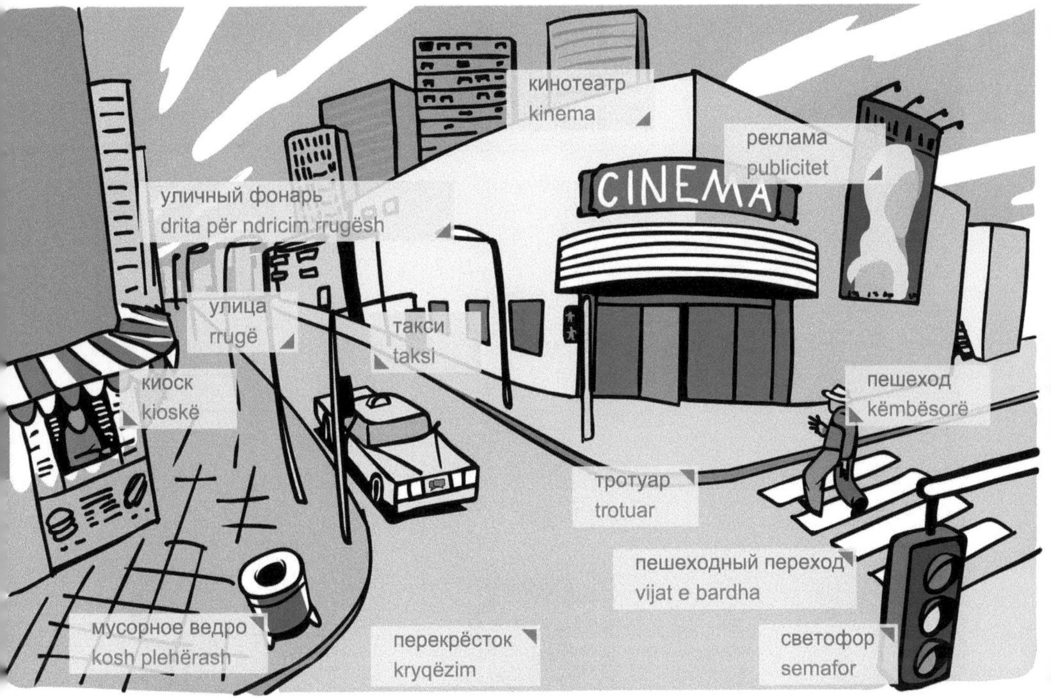
кинотеатр
kinema
реклама
publicitet
CINEMA
уличный фонарь
drita për ndricim rrugësh
улица
rrugë
такси
taksi
киоск
kioskë
пешеход
këmbësorë
тротуар
trotuar
пешеходный переход
vijat e bardha
мусорное ведро
kosh plehërash
перекрёсток
kryqëzim
светофор
semafor

хижина

kasolle

квартира

apartament

вокзал

stacion treni

ратуша

bashki

MUSEUM

музей

muze

школа

shkolla

университет

universitet

банк

bankë

больница

spital

гостиница

hotel

аптека

farmaci

офис

zyrë

книжный магазин

librari

магазин

dyqan

цветочный магазин

dyqan lulesh

супермаркет

supermarket

рынок

market

универмаг

mapo

торговец рыбой

dyqan peshku

торговый центр

qëndër tregtare

порт

port

парк
park

скамейка
stol

мост
urë

лестница
shkallë

метро
metro

тоннель
tunel

автобусная остановка
stacion autobuzi

бар
bar

ресторан
restorant

почтовый ящик
kuti postare

табличка с названием
улицы
sinjalistikë rrugore

паркометр
kohëmatës parkimi

зоопарк
kopsht zoologjik

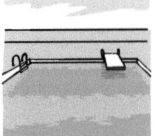

бассейн
pishinë

мечеть
xhami

ферма

fermë

загрязнение окружающей среды

ndotje

кладбище

varrezë

церковь

kishë

детская площадка

shesh lojërash

храм

tempull

ландшафт

peisazh

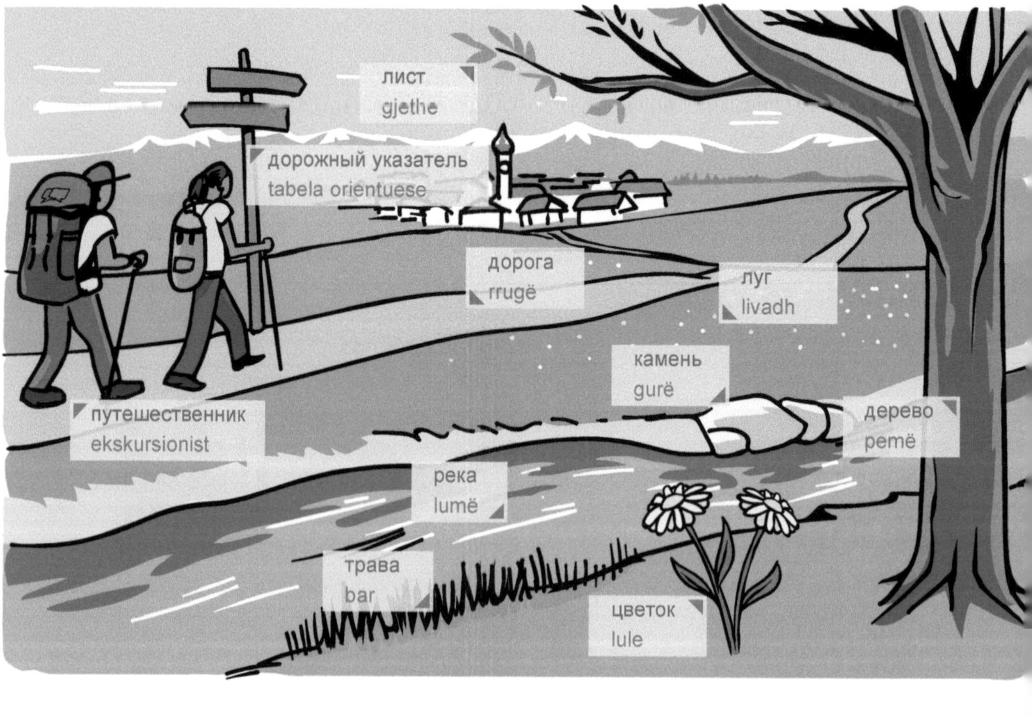

лист
gjethe

дорожный указатель
tabela orientuese

дорога
rrugë

луг
livadh

камень
gurë

дерево
pemë

путешественник
ekskursionist

река
lumë

цветок
lule

трава
bar

долина

luginë

гора

kodër

озеро

liqen

лес

pyll

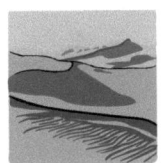

пустыня

shkretëtirë

вулкан

vullkan

замок

kështjellë

радуга

ylber

гриб

kepudhë

пальма

palmë

комар

mushkonjë

муха

mizë

муравей

milingonë

пчела

bletë

паук

merimangë

ландшафт - peisazh

жук

brumbull

лягушка

bretkosë

белка

ketër

еж

iriq

заяц

lepur

сова

buf

птица

zog

лебедь

mjellmë

кабан

derr i egër

олень

dre

лось

dre brilopatë

плотина

digë

ветряной генератор

turbinë ere

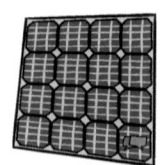

солнечная батарея

panel diellor

климат

klimë

ресторан
restorant

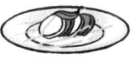

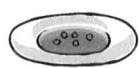

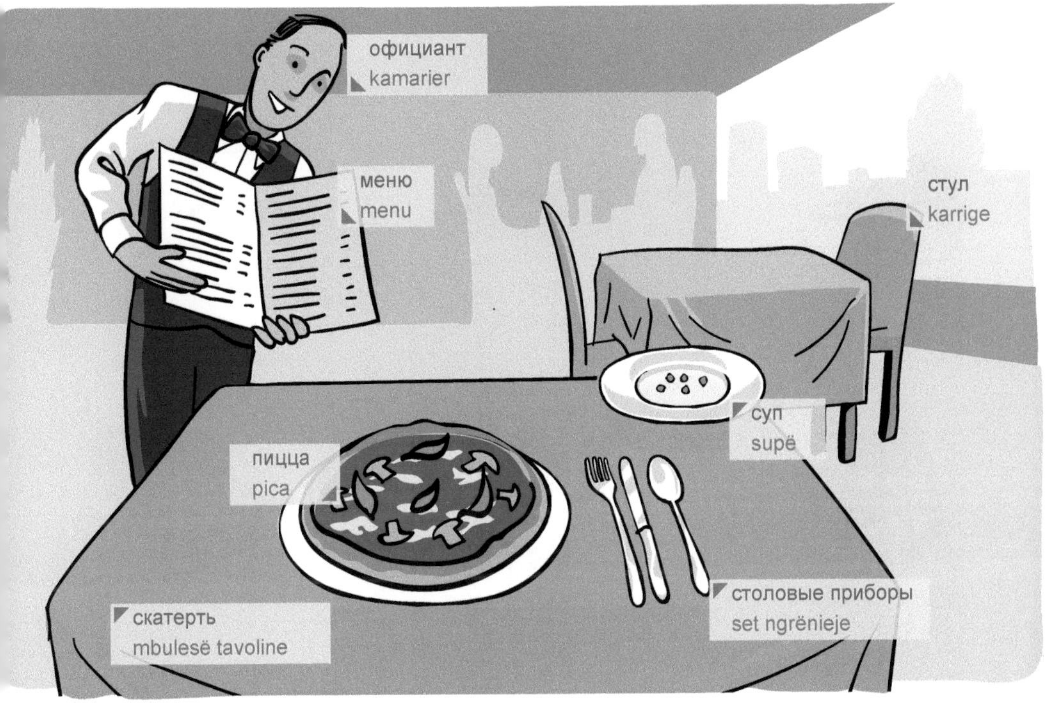
официант
kamarier
меню
menu
стул
karrige
суп
supë
пицца
pica
столовые приборы
set ngrënieje
скатерть
mbulesë tavoline

закуска

pjatë e parë

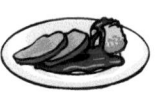

главное блюдо

pjatë kryesore

десерт

ëmbëlsirë

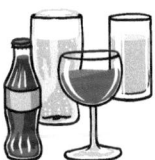

напитки

pije

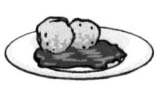

еда

ushqim

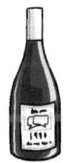

бутылка

shishe

фастфуд

ushqim i shpejtë

уличная еда

ushqim i shërbyer në rrugë

чайник

ibrik çaji

сахарница

kuti sheqeri

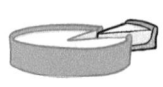

порция

racion

кофеварка

makinë kafeje ekspres

детский стульчик

karrige e lartë

счет

faturë

поднос

tabaka

нож

thika

вилка

pirun

ложка

lugë

чайная ложка

lugë çaji

салфетка

pecetë

стакан

gotë

тарелка

pjatë

суповая тарелка

pjatë supe

блюдце

pjatë filxhani

соус

salcë

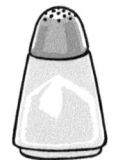

солонка

mbajtëse kripe

мельница для перца

mulli piperi

уксус

uthull

масло

vaj

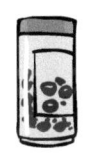

специи

erëza

кетчуп

keçap

горчица

mustardë

майонез

majonezë

супермаркет
supermarket

специальное предложение
ofertë speciale
FOR
покупатель
klient
молочные продукты
produkte bulmeti
фрукты
frut
тележка для покупок
karrocë pazari

BUTCHERS

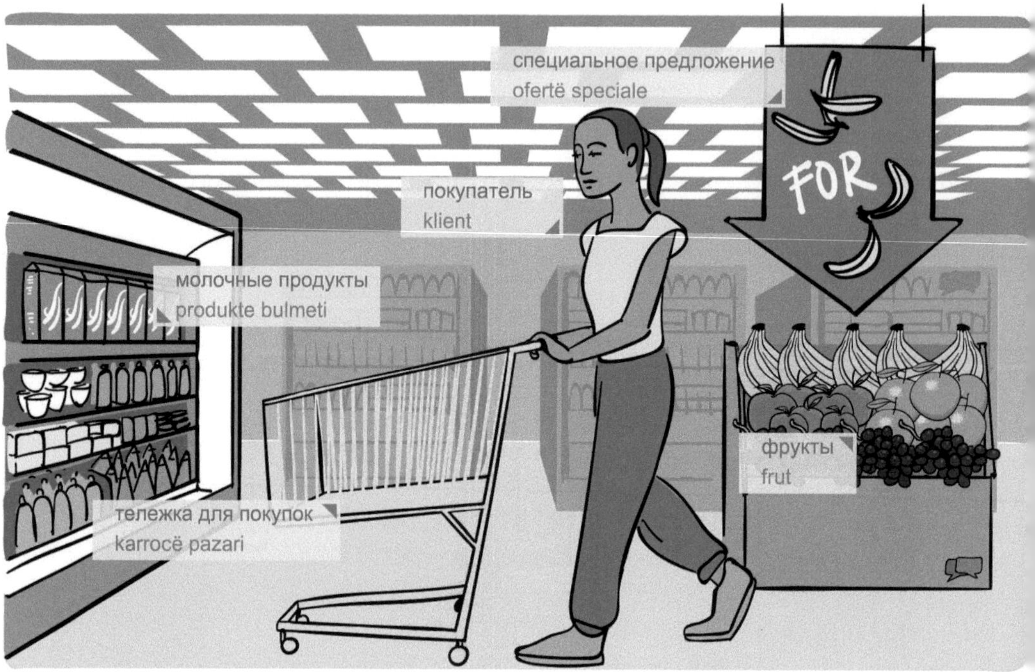

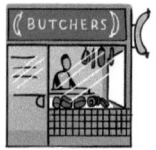

мясной магазин

dyqan mishi

BAKERY

пекарня

furrë buke

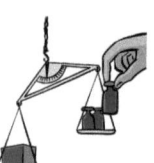

взвешивать

peshoj

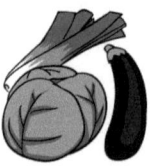

овощи

perime

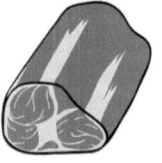

мясо

mish

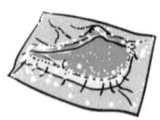

быстрозамороженные продукты

ushqim i ngrirë

нарезка

copë

консервы

ushqim i konservuar

стиральный порошок

pluhur larës

сладости

ëmbëlsirat

предмет домашнего обихода

prodhime shtëpie

моющее средство

produkte pastrimi

продавщица

shitëse

касса

kasë fiskale

кассир

arkëtar

список покупок

listë blerjeje

время работы

oraret e punës

бумажник

portofol

кредитная карточка

kartë krediti

сумка

çantë

полиэтиленовый пакет

qese plastike

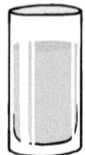

вода

ujë

сок

lëng frutash

молоко

qumësht

кока-кола

koka-kola

вино

verë

пиво

birrë

алкоголь

alkool

какао

kakao

чай

çaj

кофе

kafe

эспрессо

kafe ekspres

капучино

kapuçino

банан

banane

яблоко

mollë

апельсин

portokalle

арбуз

pjepër

лимон

limon

морковь

karrotë

чеснок

hudhër

бамбук

bambu

лук

qepë

гриб

kërpudha

орехи

arra

лапша

makarona

спагетти

spageti

рис

oriz

салат

sallatë

картофель фри

patate të skuqura

жареный картофель

patate të skuqura

пицца

pica

гамбургер

hamburger

сэндвич

sanduiç

шницель

shnicel

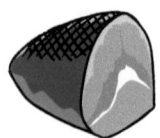

ветчина

proshutë

салями

sallam

колбаса

salçiçe

курица

pulë

жаркое

skuq

рыба

peshk

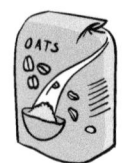

овсяные хлопья

tërshërë

мюсли

drithëra

кукурузные хлопья

kornfleiks

мука

miell

круассан

kruasant

булочка

panine

хлеб

bukë

тост

tost

печенье

biskotë

масло

gjalp

творог

gjizë

пирог

tortë

яйцо

vezë

яичница

vezë sy

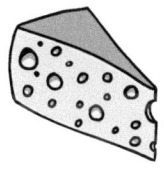

сыр

djathë

мороженое

akullore

сахар

sheqer

мёд

mjaltë

мармелад

marmaladë

крем с нугой

çokokrem

карри

këri

ферма

fermë

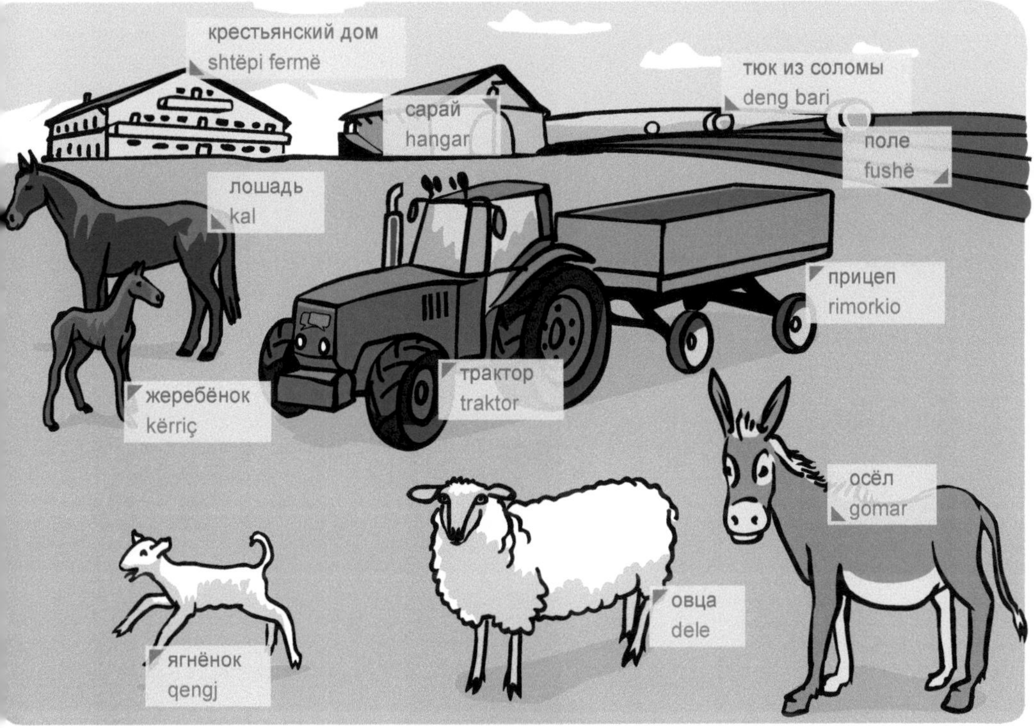
крестьянский дом
shtëpi fermë
сарай
hangar
тюк из соломы
deng bari
поле
fushë
лошадь
kal
прицеп
rimorkio
трактор
traktor
жеребёнок
kërriç
осёл
gomar
овца
dele
ягнёнок
qengj

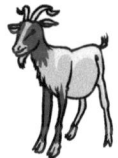

коза

dhi

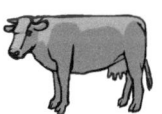

корова

lopë

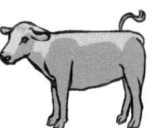

телёнок

viç

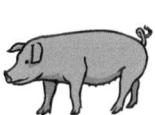

свинья

derr

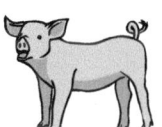

поросёнок

derrkuc

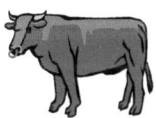

бык

dem

гусь

patë

утка

rosë

цыплёнок

zog pule

курица

pulë

петух

gjel

крыса

mi

кошка

mace

мышь

mi

вол

buall

собака

qen

конура

kolibe qeni

садовый шланг

zorrë vaditëse

лейка

vaditëse

коса

kosë

плуг

plug

ферма - fermë

серп

drapër

мотыга

shat

навозные вилы

kosa

топор

sëpatë

тачка

karrocë

корыто

govatë

бидон для молока

bidon qumështi

мешок

thes

забор

gardh

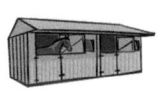

хлев

ahur

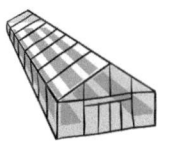

теплица

serë

почва

dhe

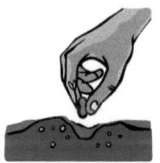

посев

farë

удобрение

pleh

комбайн

autokombanjë

собирать урожай

korr

урожай

te korrat

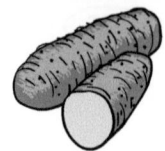

ямс

patate e ëmbël "Yam"

пшеница

grurë

соя

soja

картофель

patate

кукуруза

misër

рапс

raps

фруктовое дерево

pemë frutore

маниок

zhardhok manioku

злаки

drithëra

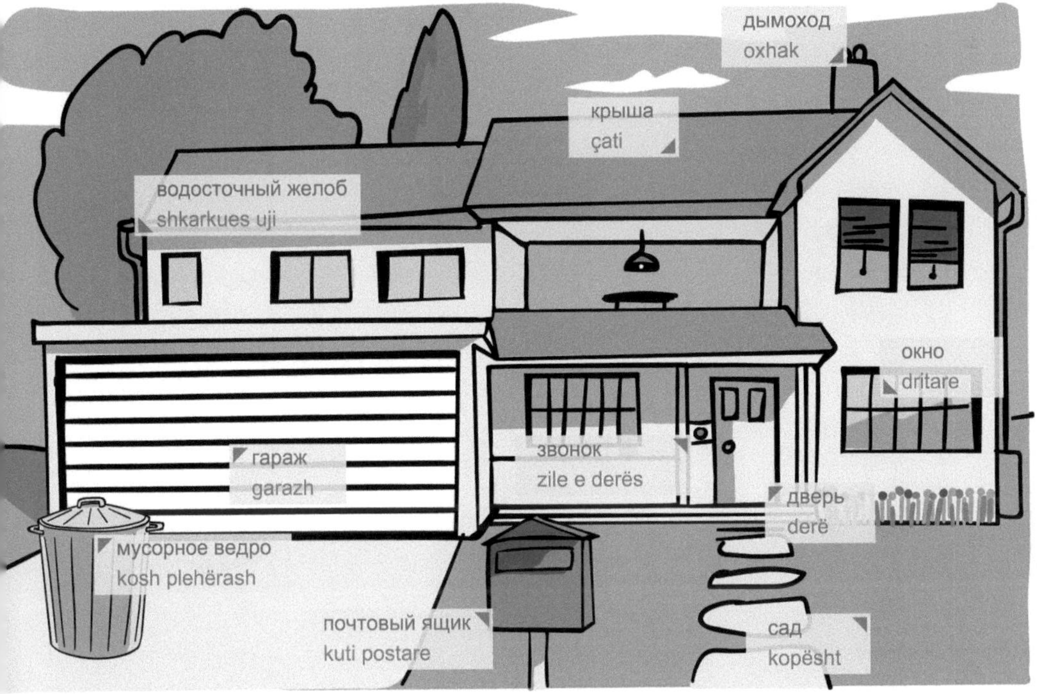

дымоход
oxhak

крыша
çati

водосточный желоб
shkarkues uji

окно
dritare

гараж
garazh

звонок
zile e derës

дверь
derë

мусорное ведро
kosh plehërash

почтовый ящик
kuti postare

сад
kopësht

гостиная

dhomë ndenjeje

ванная комната

tualet

кухня

kuzhinë

спальня

dhomë gjumi

детская комната

dhomë fëmijësh

столовая

dhomë ngrënieje

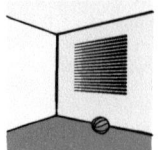

пол

dysheme

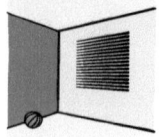

стена

mur

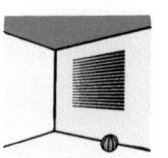

потолок

tavan

подвал

bodrum

сауна

sauna

балкон

ballkon

терраса

tarracë

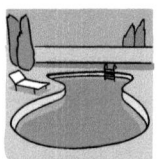

бассейн

pishinë

газонокосилка

kositëse bari

пододеяльник

çarçaf

покрывало

kuvertë

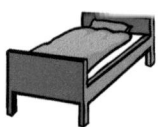

кровать

krevat

метла

fshesë dore

ведро

kovë

выключатель

çelës

гостиная

dhomë ndenjeje

обои
tapiceri
рисунок
fotografi
лампа
llambë
полка
raft
шкаф
dollap
телевизор
pajisje televizive
камин
vatër
цветок
lule
подушка
jastëk
диван
divan
ваза
vazo
пульт дистанционного управления
telekomandë

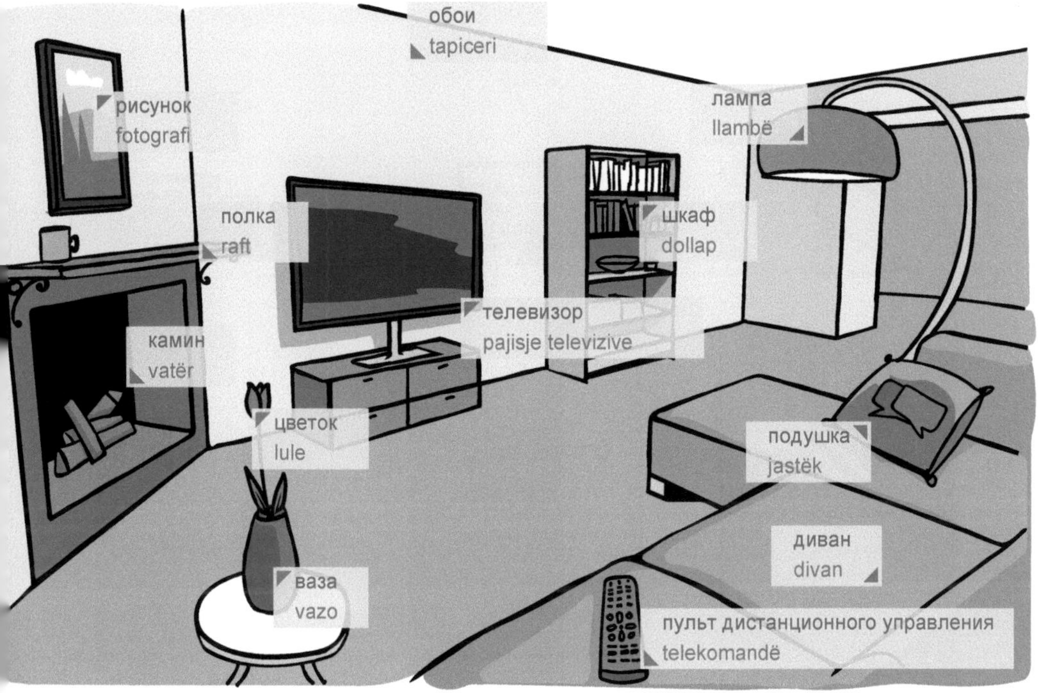

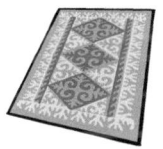

ковёр

qilim

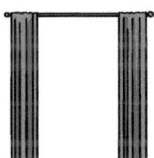

штора

perde

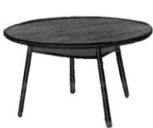

стол

tavolinë

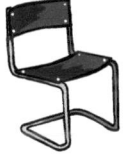

стул

karrige

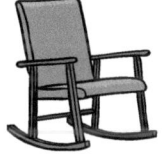

кресло-качалка

karrige lëkundëse

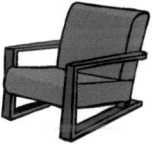

кресло

kolltuk

книга

libri

покрывало

batanije

украшение

zbukurime

дрова

dru zjarri

фильм

film

стереосистема

stereo

ключ

çelës

газета

gazetë

картина

pikturë

плакат

afishe

радио

radio

блокнот

bllok shënimesh

пылесос

fshesë me korent

кактус

kaktus

свеча

qiri

кухня
kuzhinë

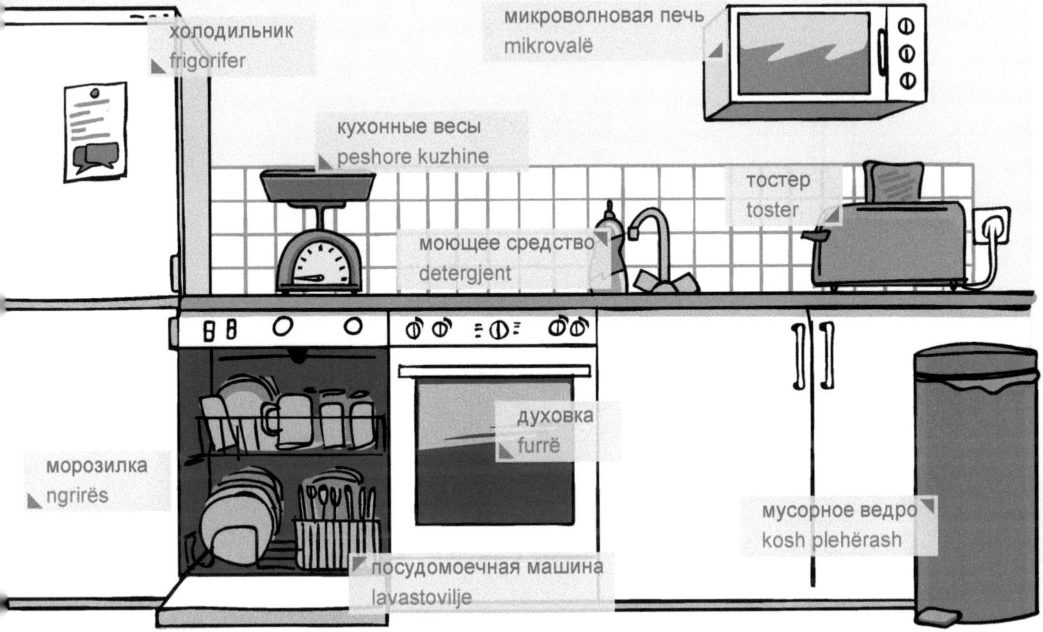

холодильник
frigorifer
микроволновая печь
mikrovalë
кухонные весы
peshore kuzhine
тостер
toster
моющее средство
detergjent
духовка
furrë
морозилка
ngrirës
мусорное ведро
kosh plehërash
посудомоечная машина
lavastovilje

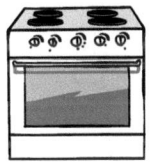

плита

sobë

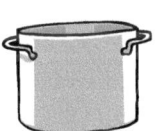

кастрюля

tenxhere

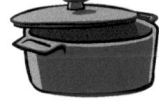

чугунный котелок

tenxhere me kapak

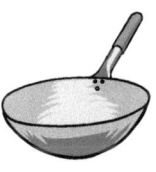

вок / кадай

tigan special (Wok)

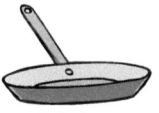

сковорода

tigan

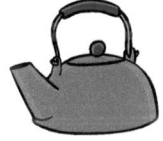

чайник

çajnik

пароварка

tenxhere me avull

противень

tavë pjekjeje

посуда

enë

кружка

filxhan

миска

tas

палочки для еды

shkopinj

половник

garuzhde

лопатка

spatul

сбивалка

tel kuzhine

сито

kulluese

сито

sitë

тёрка

rende

ступка

havan

гриль

skarë

костёр

zjarr

кухня - kuzhinë

доска

dërrasë për prerje

скалка

okllai

штопор

heqëse tapash

жестяная банка

kanaçe

консервный нож

hapëse kanaçeje

прихватка

rrobë për të kapur
tenxheren

раковина

lavaman

щетка

furçë

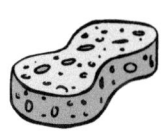

губка

sfungjer

миксер

përzjerës

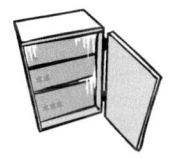

морозильная камера

ngrirës

бутылочка для кормления

biberon për lëngje

кран

rubinet

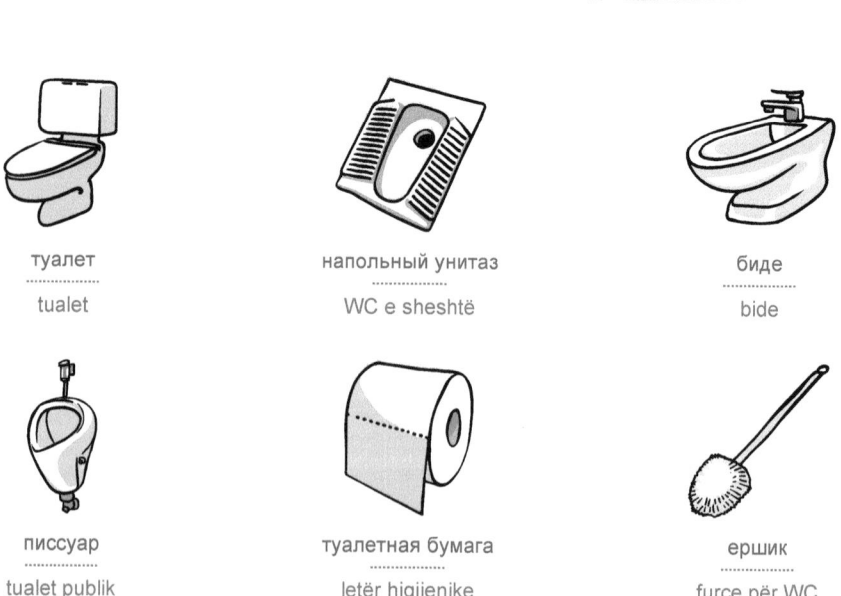

ванная комната

tualet

душ
dush
отопление
ngrohje
полотенце
peshqirë
душевая занавеска
perde dushi
пенистая ванна
vaskë me shkumë
ванна
vaskë
стакан
gotë
стиральная машина
lavatriçe
кран
rubinet
плитка
pllaka
горшок
oturak
раковина
lavaman

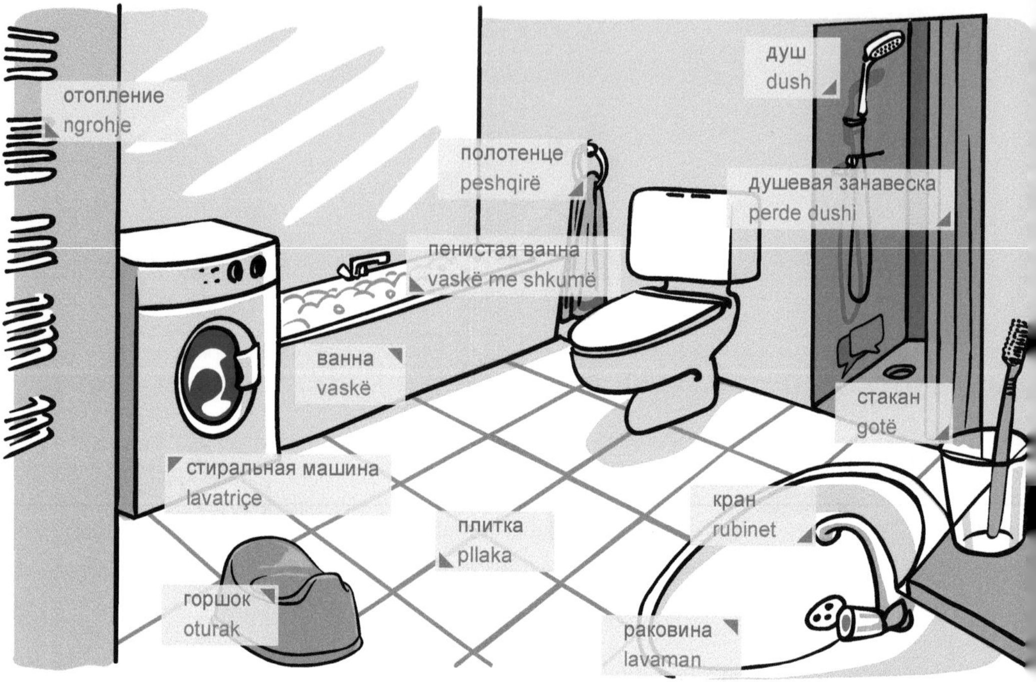

туалет

tualet

напольный унитаз

WC e sheshtë

биде

bide

писсуар

tualet publik

туалетная бумага

letër higjienike

ершик

furçe për WC

зубная щетка

furçë dhëmbësh

зубная паста

pastë dhëmbësh

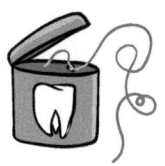

зубная нить

fije dentare

мыть

laj

ручной душ

dorezë dushi

интимный душ

larës për zonën intime

таз

legen

щетка для спины

furçë për masazh shpine

мыло

sapun

гель для душа

shampo trupi

шампунь

shampo

мочалка

leckë pastruese

сток

kullues

крем

krem

дезодорант

antidjersë

зеркало

pasqyrë

ручное зеркало

pasqyrë dore

бритва

brisk rroje

пена для бритья

shkumë rroje

лосьон после бритья

locion pas rrojes

расческа

krehër

щетка

furçë

фен

tharëse flokësh

лак для волос

llak për flokët

косметика

grim

губная помада

buzëkuq

лак для ногтей

manikyr

вата

mbushje pambuku

маникюрные ножницы

gërshërë për thonj

духи

parfum

косметичка

çantë për sendet personale

табуретка

Stol

весы

peshore

халат

robëdëshambër

резиновые перчатки

dorashka gome

тампон

tampon

гигиеническая прокладка

peceta higjienike

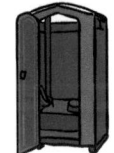

биотуалет

tualet I lëvizshëm

детская комната
dhomë fëmijësh

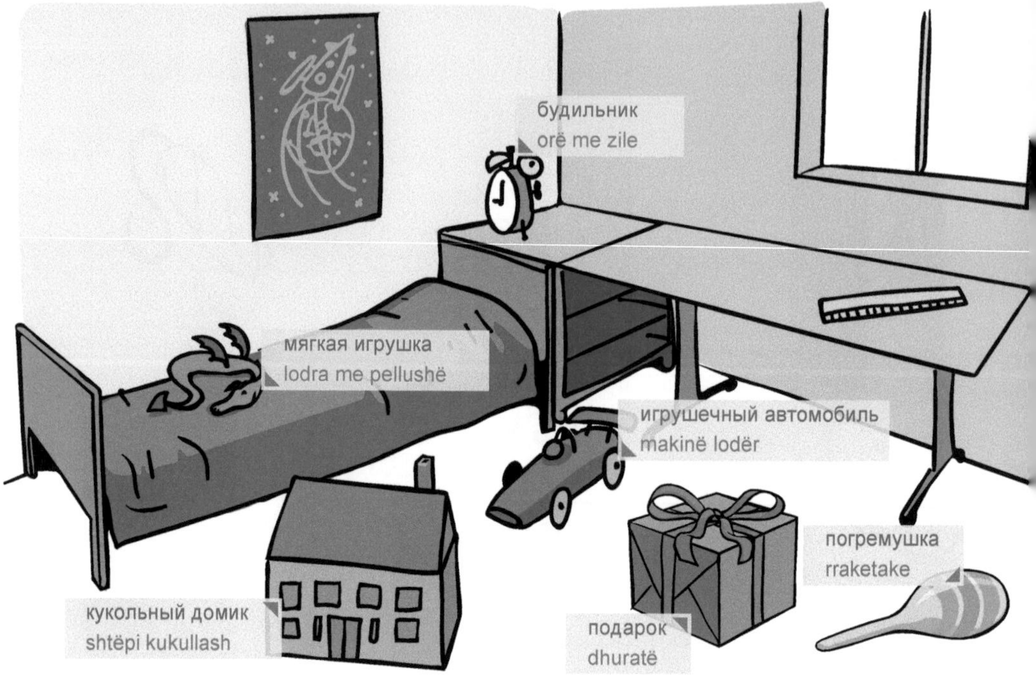
будильник
orë me zile
мягкая игрушка
lodra me pellushë
игрушечный автомобиль
makinë lodër
погремушка
rraketake
кукольный домик
shtëpi kukullash
подарок
dhuratë

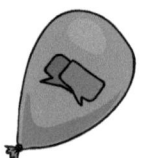

воздушный шар

tollumbace

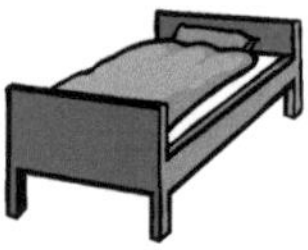

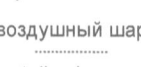

кровать

krevat

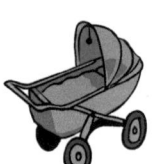

детская коляска

karrocë fëmijësh

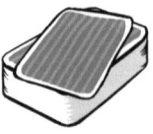

карточная игра

lojë me letra

пазл

bashkim pjesësh me figura

SUPER
MEGA

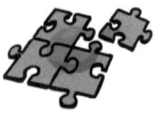

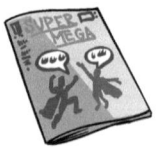

комикс

komik

кирпичики Лего

formuese lodër

кубики

kuba plastikë

игрушечная фигурка

lodra

ползунки

badi

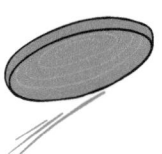

фрисби

frizbi

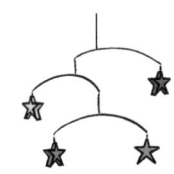

мобиле

lodra të varura tek krevati i fëmijëve

настольная игра

tavolinë lojërash

кубик

zare

модель железной дороги

model treni

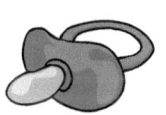

соска

biberon

вечеринка

festë

книга с картинками

libër me ilustrime

мяч

top

кукла

kukull

играть

luaj

песочница

grumbull rëre

качели

kolovarëse

игрушка

lodra

игровая приставка

leva për lojra video

трёхколесный велосипед

triçikël

плюшевый медвежонок

arush prej pellushi

шкаф для одежды

garderobë

одежда

veshje

носки

çorape

чулки

çorape të gjata

колготки

geta

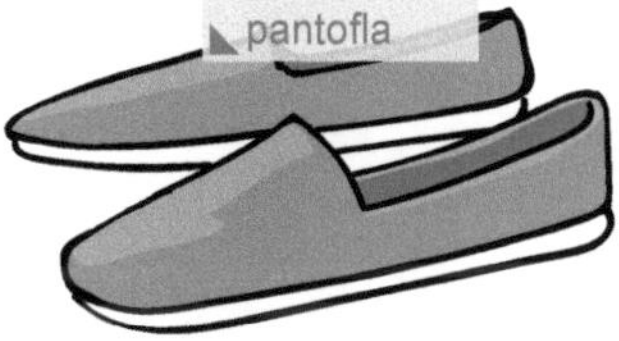

шарф
shall

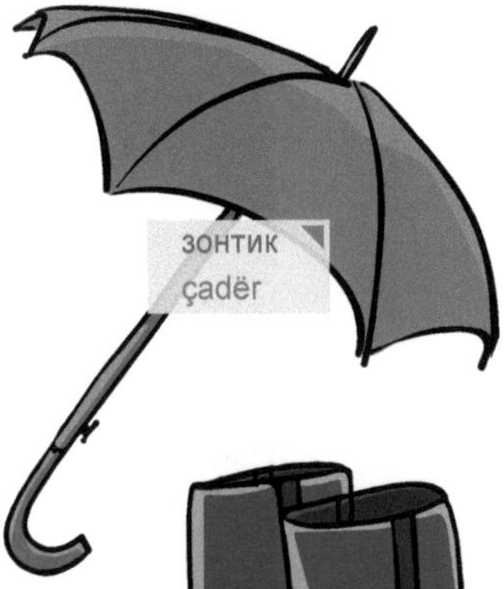

зонтик
çadër

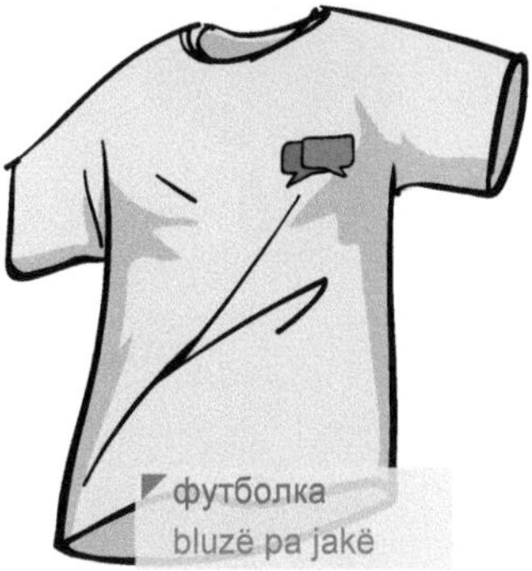

ремень
rrip

футболка
bluzë pa jakë

сапоги
çizme

тапки
pantofla

кроссовки
atlete

сандалии
sandale

ботинки
këpucë

резиновые сапоги
çizme llastiku

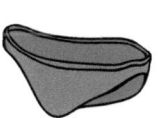

трусы
të mbathura

бюстгальтер
reçipeta

майка
kanotierë

боди

trup

брюки

pantallona

джинсы

xhinse

юбка

fund

блузка

bluzë

рубашка

këmishë

свитер

pulovër

свитер

triko

спортивная куртка

xhaketë

жакет

xhaketë

пальто

pallto

плащ

mushama shiu

костюм

kostum

платье

fustan

свадебное платье

fustan nusërie

мужской костюм

kostum

ночная сорочка

këmishë nate

пижама

pizhama

сари

sari (veshje tradicionale indiane)

платок

shami koke

тюрбан

çallmë

паранджа

veshje për femrat e besimit musliman

кафтан

kaftan (lloj veshjeje tradicionale)

абайя

ferexhe

купальник

kostum banje

плавки

rroba banje

шорты

pantallona të shkurtra

спортивный костюм

tuta sporti

фартук

përparëse

перчатки

dorashka

пуговица

kopsë

очки

syze

браслет

byzylyk

цепочка

gjerdan

кольцо

unazë

серьга

vath

шапка

kapuç

вешалка

varëse për pallto

шляпа

kapele

галстук

kravatë

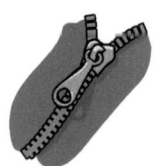

застежка молния

zinxhir

шлем

helmetë

подтяжки

tiranda

школьная форма

uniformë shkolle

форма

uniformë

детский нагрудник

gushore

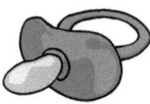

соска

biberon

подгузник

pelenë

офис

zyrë

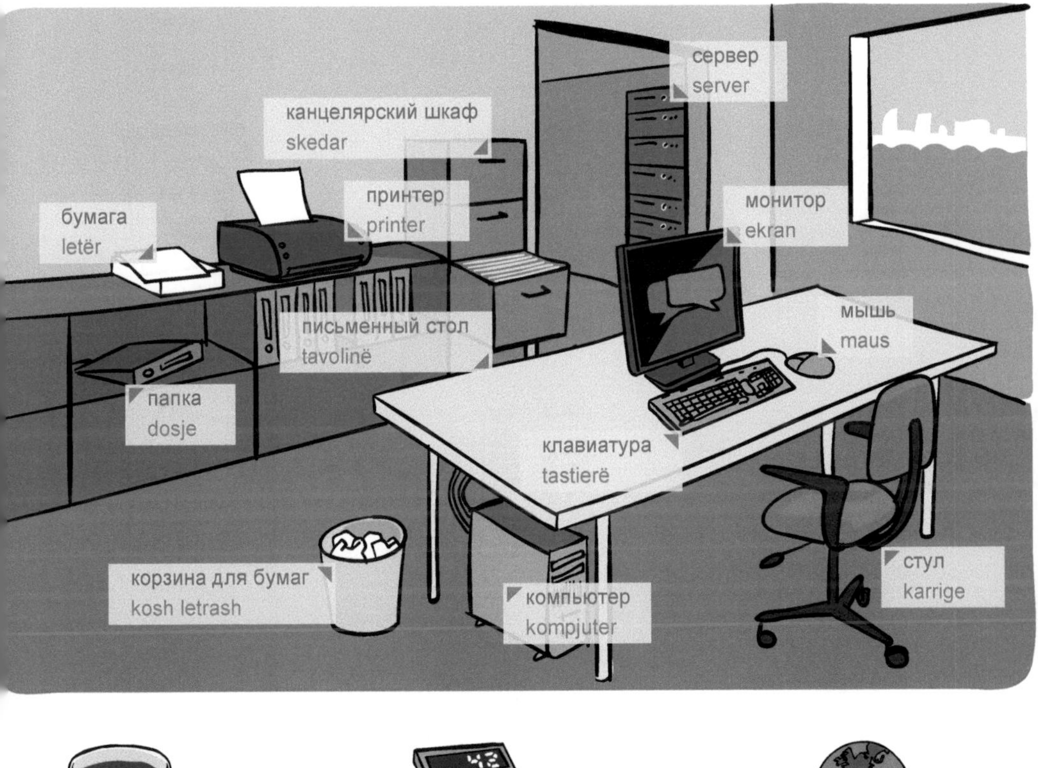

сервер
server

канцелярский шкаф
skedar

принтер
printer

монитор
ekran

бумага
letër

письменный стол
tavolinë

мышь
maus

папка
dosje

клавиатура
tastierë

корзина для бумаг
kosh letrash

стул
karrige

компьютер
kompjuter

кофейная кружка

filxhan kafeje

калькулятор

makinë llogaritëse

интернет

internet

ноутбук

kompjuter portativ

письмо

letër

сообщение

mesazh

мобильный телефон

telefon

сеть

rrjet

ксерокс

fotokopje

программа

program

телефон

telefon

розетка

prizë

факс

pajisje faksi

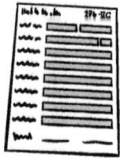

формуляр

formular

документ

dokument

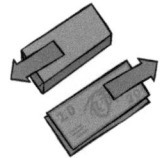

покупать

blej

платить

paguaj

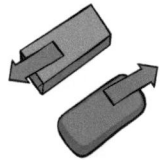

торговать

tregtoj

деньги

para

доллар

dollar

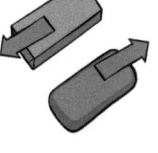

евро

euro

иена

jen

рубль

rubla

франк

franga zvicerane

жэньминьби юань

juani kinez

рупия

rupje

банкомат

bankomat

пункт обмена валюты

pikë këmbimi valutor

золото

ar

серебро

argjend

нефть

nafta

энергия

energji

цена

çmim

договор

kontratë

налог

taksë

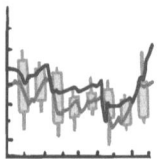

акция

aksione

работать

punoj

служащий

punonjës

работодатель

punëdhënës

фабрика

fabrikë

магазин

dyqan

профессии
profesionet

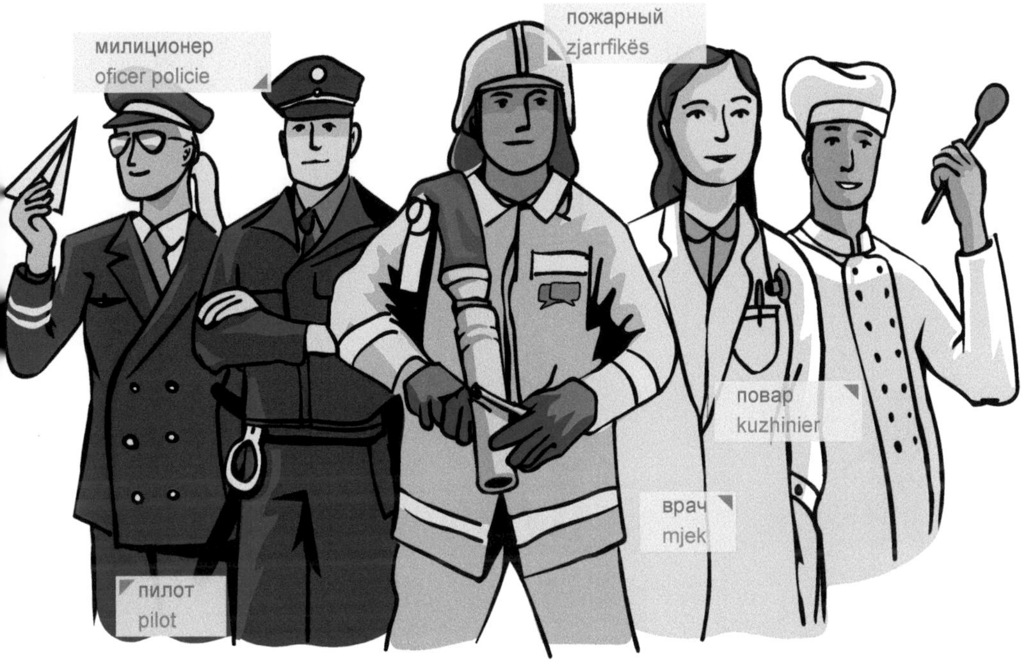
милиционер
oficer policie
пожарный
zjarrfikës
повар
kuzhinier
врач
mjek
пилот
pilot

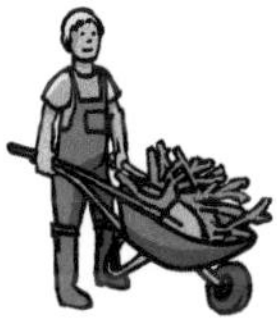

садовник

kopshtar

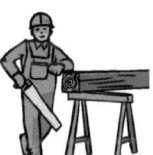

столяр

marangoz

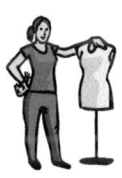

швея

rrobaqepëse

судья

gjykatës

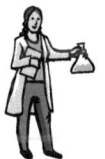

химик

kimist

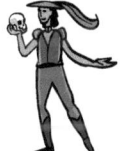

актёр

aktor

водитель автобуса

shofer autobuzi

таксист

taksist

рыбак

peshkatar

уборщица

pastruese

кровельщик

riparues çatish

официант

kamarier

охотник

gjuetar

художник

piktor

пекарь

furrxhi

электрик

elektriçist

строитель

ndërtues

инженер

inxhinier

мясник

kasap

сантехник

hidraulik

почтальон

postieri

солдат

ushtar

архитектор

arkitekt

кассир

arkëtar

флорист

luleshitës

парикмахер

berber

кондуктор

kontrollor

механик

mekanik

капитан

kapiten

зубной врач

dentist

ученый

shkencëtar

раввин

rabin

имам

imam

монах

murg

священник

klerik

инструменты
mjete

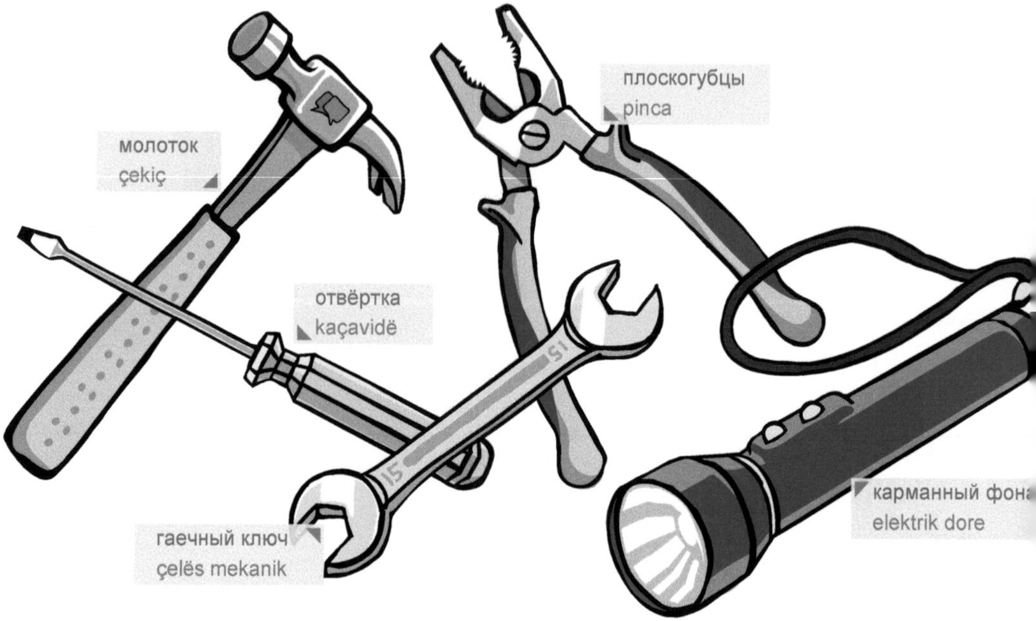
молоток
çekiç
плоскогубцы
pinca
отвёртка
kaçavidë
гаечный ключ
çelës mekanik
карманный фон
elektrik dore

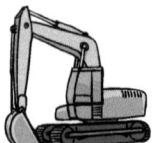

экскаватор

ekskavator

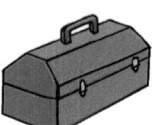

ящик для инструментов

kuti veglash

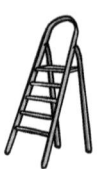

стремянка

shkallë

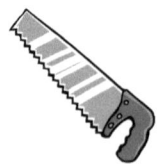

пила

sharrë

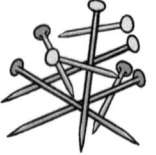

гвозди

gozhdë

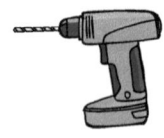

дрель

trapan

ремонтировать

riparoj

лопата

lopatë

Блин!

Dreq!

совок

kaci

ведро с краской

kuti boje

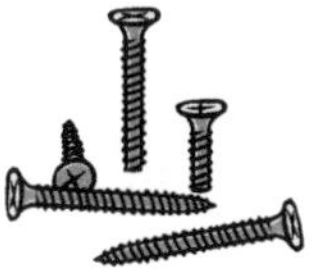

винты

vidhë

музыкальные инструменты

instrumenta muzikorë

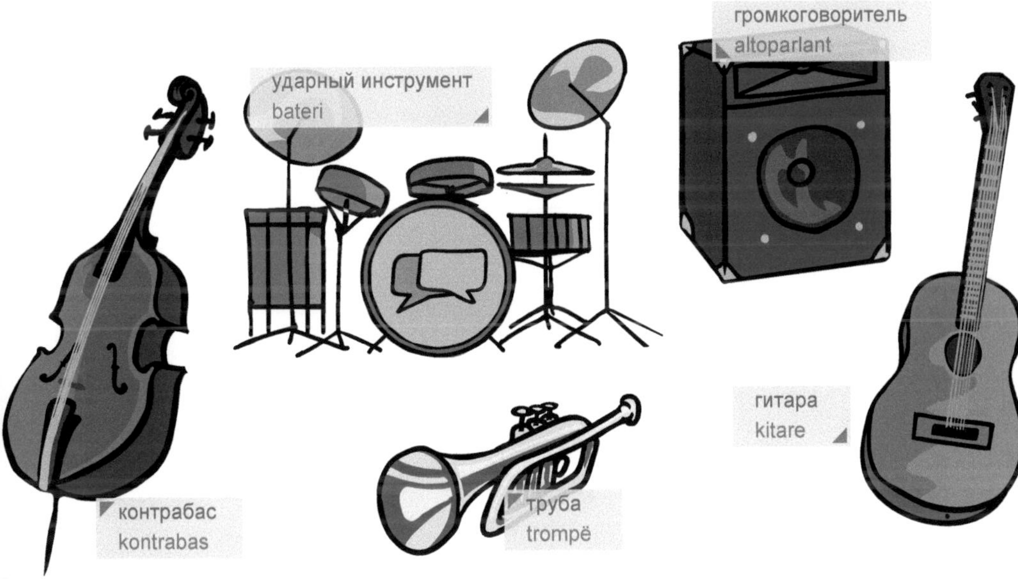

ударный инструмент
bateri

громкоговоритель
altoparlant

контрабас
kontrabas

труба
trompë

гитара
kitare

пианино

piano

скрипка

violinë

бас-гитара

bas

литавры

tamburë

барабан

daulle

синтезатор

tastierë pianoje

саксофон

saksofon

флейта

flaut

микрофон

mikrofon

зоопарк
kopsht zoologjik

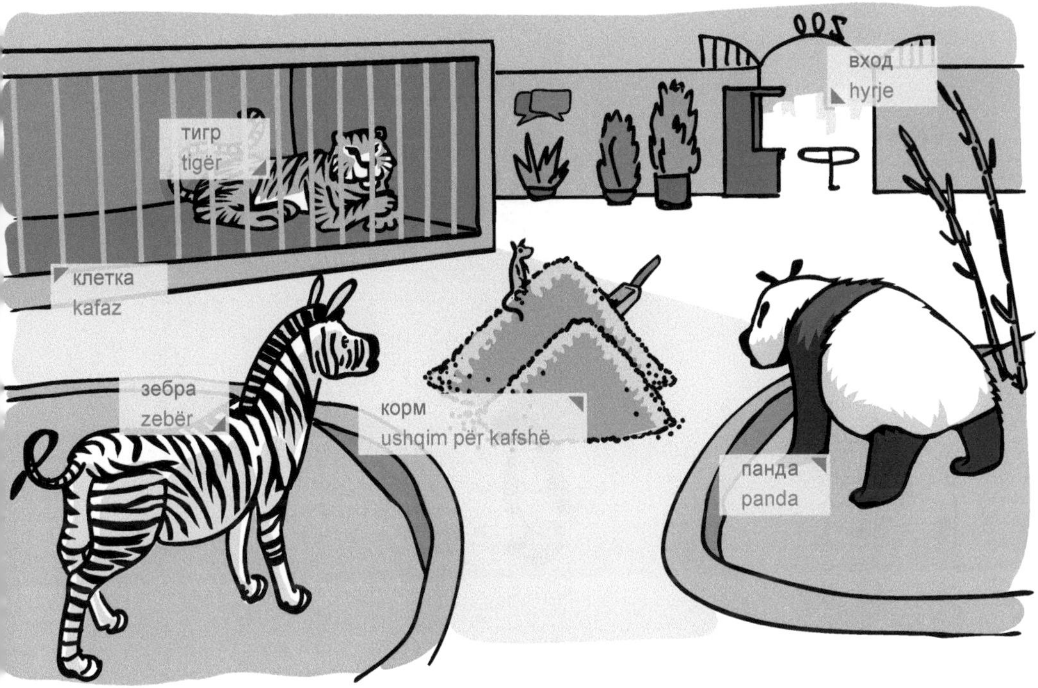
ZOO
вход
hyrje
тигр
tigër
клетка
kafaz
зебра
zebër
корм
ushqim për kafshë
панда
panda

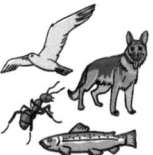

животные

kafshë

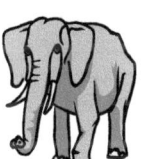

слон

elefant

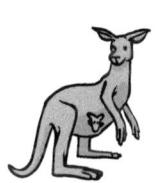

кенгуру

kangur

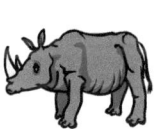

носорог

rinoceront

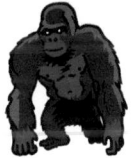

горилла

gorillë

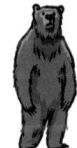

медведь

ari

верблюд

deve

страус

struc

лев

luan

обезьяна

majmun

фламинго

flamingo

попугай

papagall

белый медведь

ari polar

пингвин

pinguin

акула

peshkaqen

павлин

pallua

змея

gjarpër

крокодил

krokodil

служитель зоопарка

punonjës i kopshtit zoologjik

тюлень

fokë

ягуар

xhaguar

пони

poni

леопард

leopard

бегемот

hipopotam

жираф

gjirafë

орёл

shqiponjë

кабан

derr i egër

рыба

peshk

черепаха

breshkë

морж

lopë deti

лиса

dhelpër

газель

gazelë

американский футбол
futboll amerikan

езда на велосипеде
çiklizëm

теннис
tenis

баскетбол
basketboll

плавание
not

бокс
boks

хоккей
hokej mbi akull

футбол
futboll

бадминтон
badminton

лёгкая атлетика
atletikë

гандбол
hendboll

лыжный спорт
ski

поло
polo

действия
aktivitet

прыгать
hidhem
обнимать
përqafoj
смеяться
qesh
идти
eci
петь
këndoj
мечтать
ëndërroj
молиться
lutem
целовать
puth

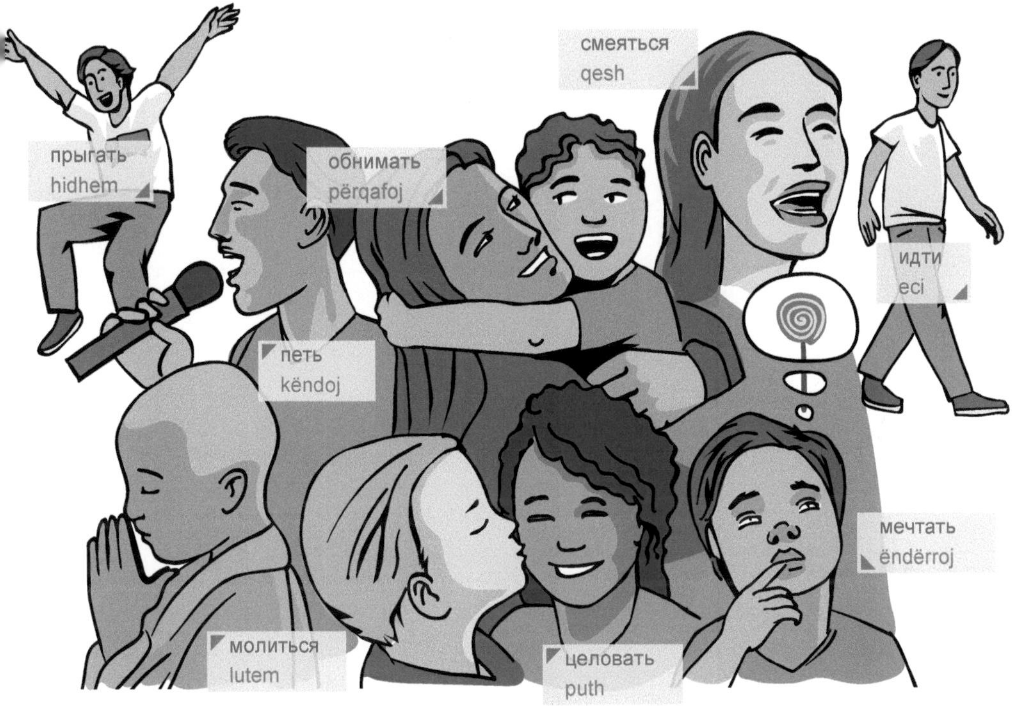

писать

shkruaj

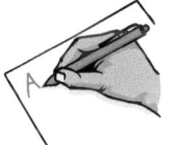

рисовать

vizatoj

показывать

tregoj

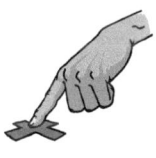

нажимать

shtyj

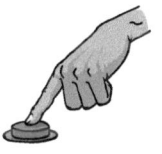

давать

jap

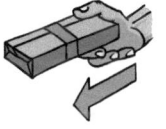

брать

marr

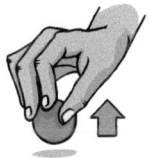

иметь
kam

делать
bëj

быть
jam

стоять
qëndroj

бежать
vrapoj

тянуть
tërheq

бросать
hedh

падать
bie

лежать
shtrihem

ждать
pres

носить
mbaj

сидеть
ulem

надевать
vishem

спать
fle

просыпаться
zgjohem

рассматривать

shikoj

плакать

qaj

гладить

përkëdhel

причесывать

kreh

говорить

bisedoj

понимать

kuptoj

спрашивать

kërkoj

слушать

dëgjoj

пить

pi

кушать

ha

наводить порядок

sistemoj

любить

dashuroj

готовить

gatuaj

ехать

drejtoj makinën

летать

fluturoj

ходить под парусом

lundroj

считать

llogaris

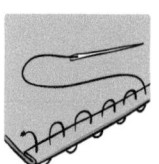

читать

lexoj

учиться

mësoj

работать

punoj

вступать в брак

martohem

шить

qep

чистить зубы

laj dhëmbët

убивать

vras

курить

tymos

отправлять

dërgoj

семья
familje

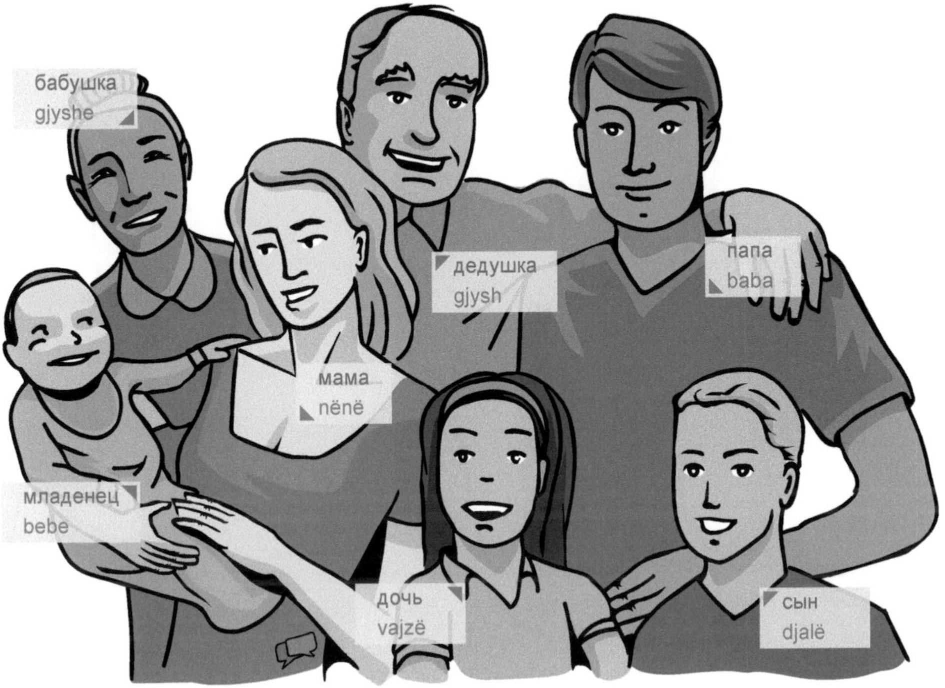
бабушка
gjyshe
дедушка
gjysh
папа
baba
мама
nënë
младенец
bebe
дочь
vajzë
сын
djalë

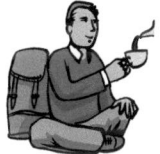

гость

mysafir

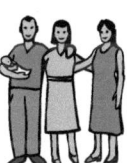

тетя

teze, hallë

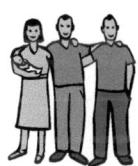

дядя

dajë, xhaxha

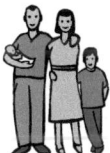

брат

vëlla

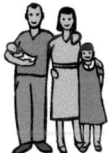

сестра

motër

тело

trupi

лоб
balli
глаз
syri
плечо
shpatulla
палец
gishti
лицо
fytyra
подбородок
mjekra
кисть
dora
нога
këmba
грудь
krahërori
рука
krahu

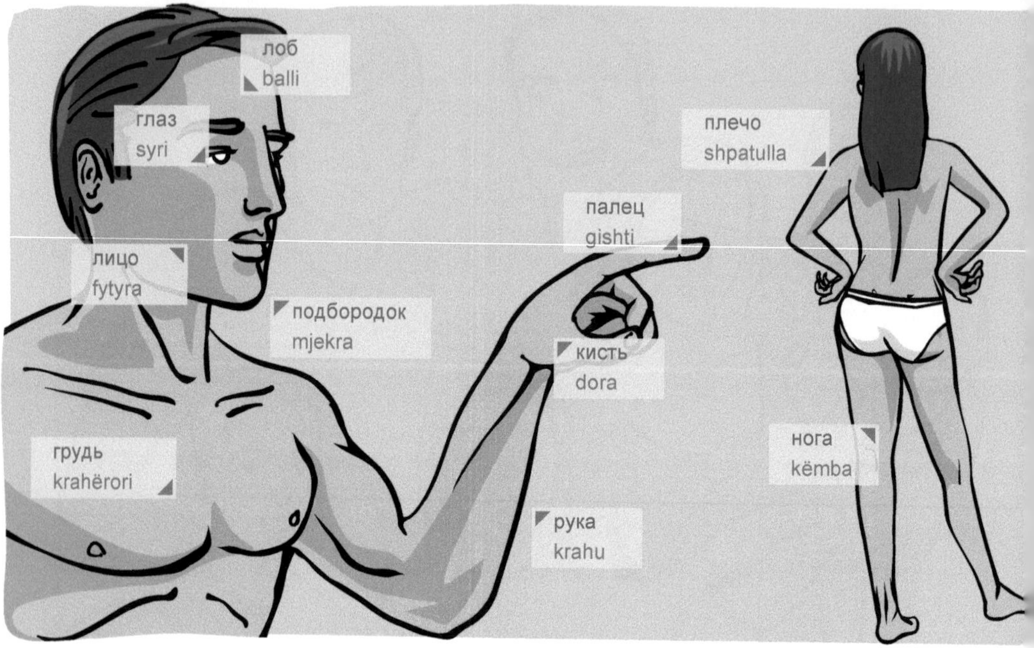

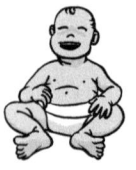

младенец

bebe

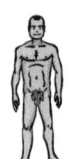

мужчина

burrë

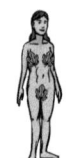

женщина

grua

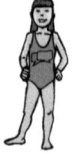

девочка

vajzë

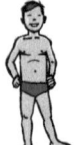

мальчик

djalë

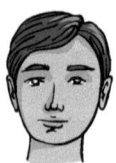

голова

koka

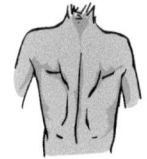

спина

shpina

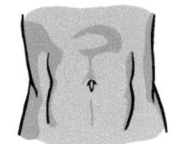

живот

barku

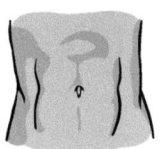

пупок

kërthiza

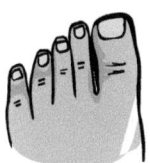

палец ноги

gisht këmbe

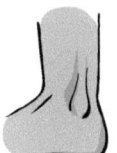

пятка

Thembra

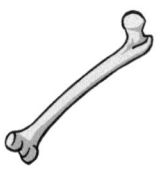

кость

kockë

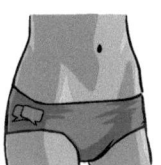

бедро

legeni

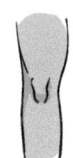

колено

gjuri

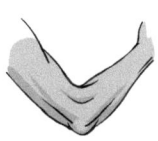

локоть

bërryli

нос

hunda

ягодицы

vithe

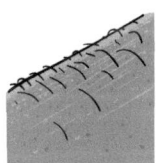

кожа

lëkura

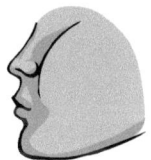

щека

faqja

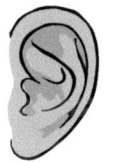

ухо

veshi

губа

buza

рот

goja

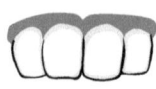

зуб

dhëmbët

язык

gjuha

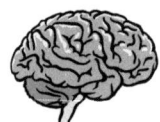

мозг

truri

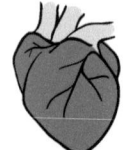

сердце

zemra

мышца

muskul

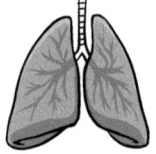

лёгкое

mushkëria

печень

mëlçia

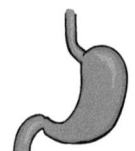

желудок

stomaku

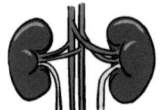

почки

veshka

половой акт

seks

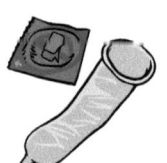

презерватив

prezervativ

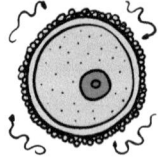

яйцеклетка

veza

сперма

sperma

беременность

shtatëzani

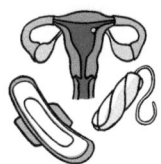

менструация

menstruacione

вагина

vagina

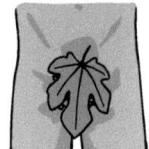

пенис

penis

бровь

vetulla

волосы

flokët

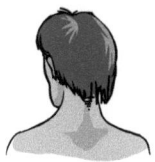

шея

qafa

больница

spital

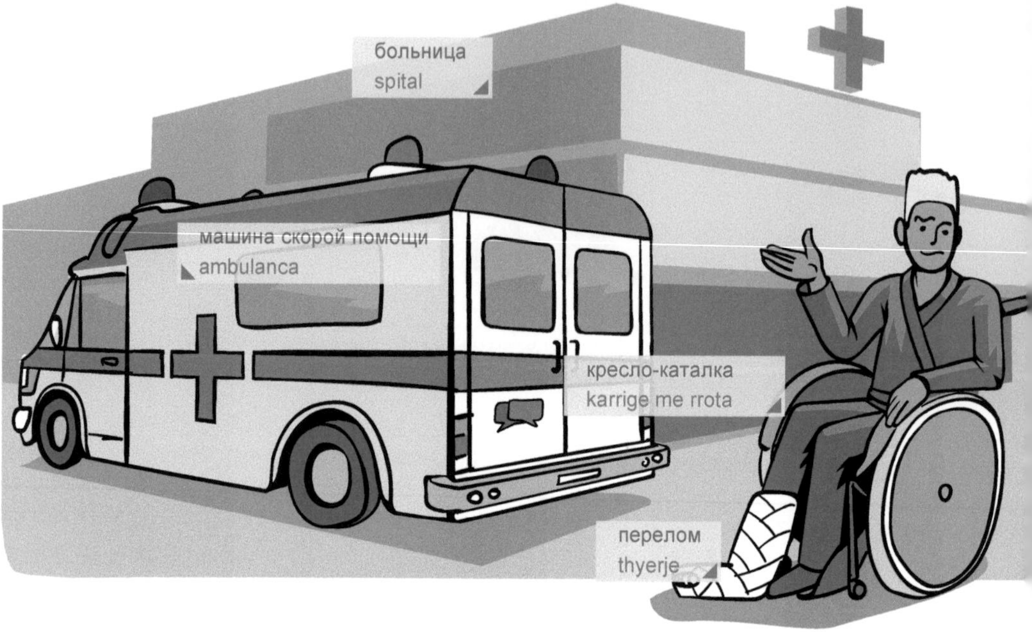

больница
spital
машина скорой помощи
ambulanca
кресло-каталка
karrige me rrota
перелом
thyerje

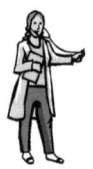

врач

mjek

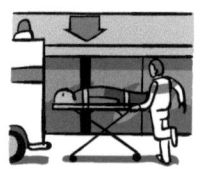

пункт первой помощи

sallë urgjencash

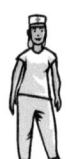

медсестра

infermiere

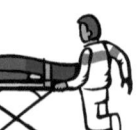

неотложный случай

emergjencë

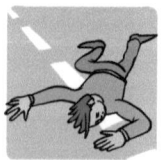

без сознания

i pandërgjegjshëm

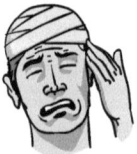

боль

dhimbje

повреждение

dëmtim

кровотечение

gjakosje

инфаркт

infarkt

инсульт

goditje

аллергия

alergji

кашель

kolla

повышенная температура

ethe

грипп

grip

понос

diarre

головная боль

dhimbje koke

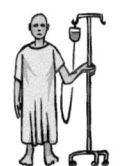

рак

kancer

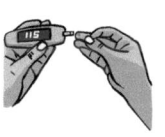

диабет

diabet

хирург

kirurg

скальпель

bisturi

операция

operacion

КТ

CT (skaner)

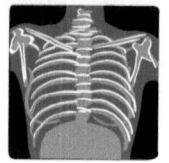

рентген

radiografi

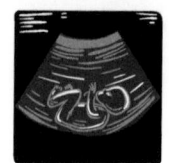

ультразвук

ultratingull

маска

maskë fytyre

болезнь

sëmundje

приёмная

dhomë pritjeje

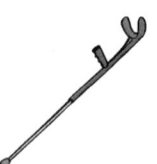

костыль

paterica

пластырь

leukoplast

бинт

fasho

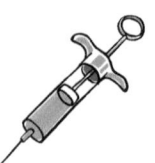

укол

injeksion

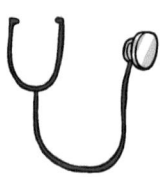

стетоскоп

stetoskop

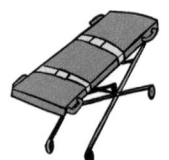

носилки

barelë

термометр

termometër

рождение

lindje

избыточный вес

mbipeshë

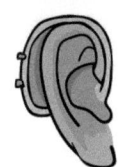

слуховой аппарат

aparat dëgjimi

дезинфекционное
средство
dezinfektant

инфекция

infeksion

вирус

virus

ВИЧ / СПИД

HIV / AIDS

лекарство

mjekësi, mjekim

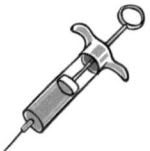

прививка

vaksinim

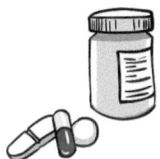

таблетки

tableta

противозачаточная
таблетка

pilulë

экстренный вызов

telefonatë emergjence

прибор для измерения
кровяного давления

aparat tensioni

больной / здоровый

i sëmurë / i shëndetshëm

Помогите!

Ndihmë!

нападение

sulm

атака

atak

опасность

rrezik

запасной выход

dalje emergjence

Помогите!

сигнал тревоги

alarm

огнетушитель

fikëse zjarri

Пожар!

Zjarr!

несчастный случай

aksident

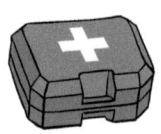

аптечка

kuti e ndimës së shpejtë

SOS

SOS

милиция

policia

Европа

Europa

Северная Америка

Amerika e Veriut

Южная Америка

Amerika e Jugut

Африка

Afrika

Азия

Azia

Австралия

Australia

Атлантический океан

Atlantiku

Тихий океан

Paqësori

Индийский океан

Oqeani Indian

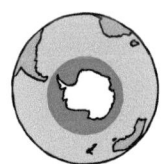

Антарктический океан

Oqeani Antarktik

Северный Ледовитый
океан

Oqeani Arktik

Северный полюс

Poli i veriut

Южный полюс

Poli i Jugut

Антарктика

Antarktida

земля

toka

суша

tokë

море

det

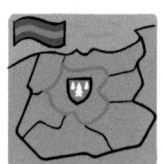

остров

ishull

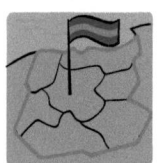

нация

komb

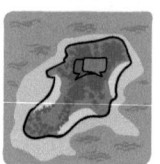

государство

shtet

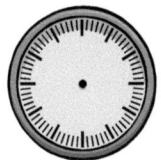

циферблат

fusha e orës

часовая стрелка

akrepi i orës

минутная стрелка

akrepi i minutave

секундная стрелка

akrepi i sekondave

Который час?

Sa është ora?

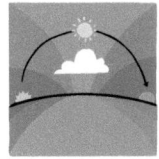

день

ditë

время

kohë

сейчас

tani

электронные часы

orë dixhitale

минута

minutë

час

orë

неделя

javë

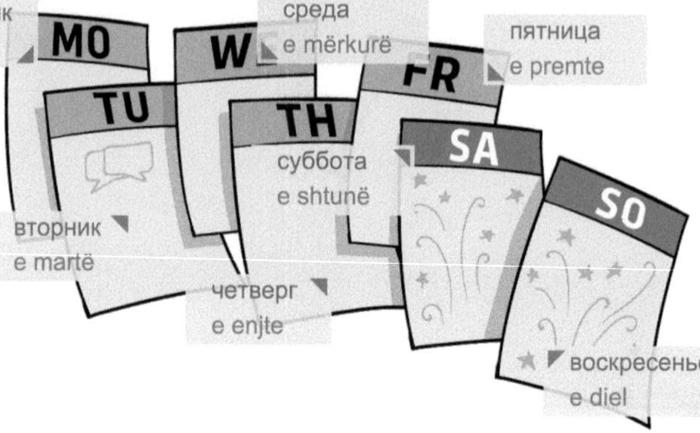

понедельник
e hënë

MO

среда
e mërkurë

пятница
e premte

W

FR

TU

TH

SA

суббота
e shtunë

вторник
e martë

SO

четверг
e enjte

воскресенье
e diel

вчера
....
dje

сегодня
....
sot

завтра
....
nesër

утро
....
mëngjes

полдень
....
mesditë

вечер
....
mbrëmje

рабочие дни
....
ditë pune

выходные
....
fundjavë

год

vit

дождь
shi
радуга
ylber
ветер
erë
снег
borë
весна
pranverë
лето
verë
осень
vjeshtë
зима
dimër

4.APRIL 11°
5.APRIL 4°
6.APRIL 13°
7.APRIL 8°
8.APRIL 10°

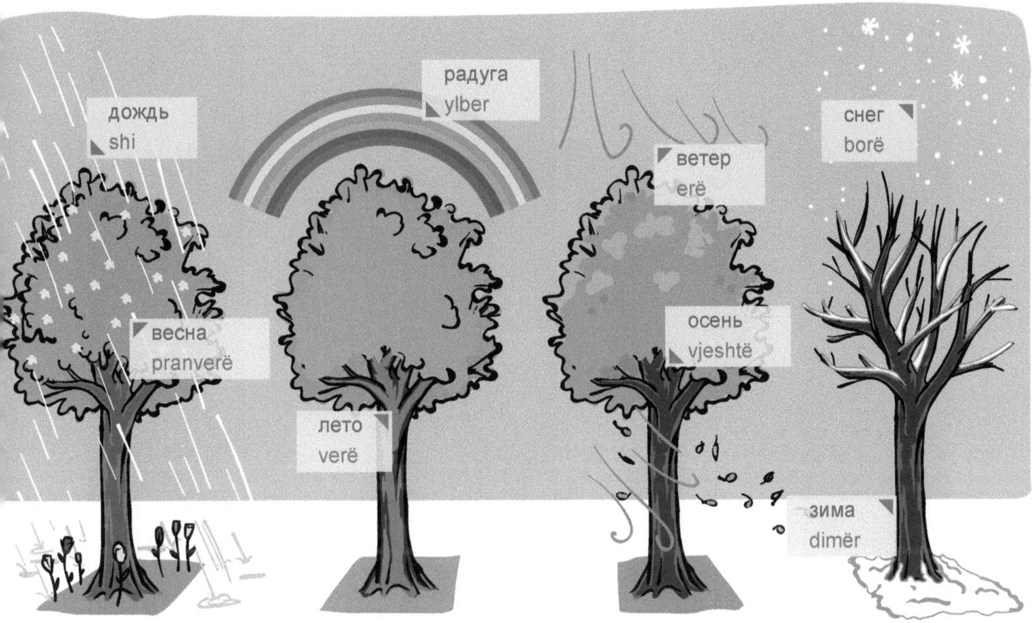

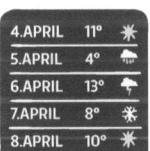

прогноз погоды

parashikimi i motit

F C
120 90 60 30 0 -30
40 30 20 10 0 -10 -20

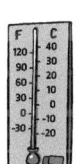

термометр

termometër

солнечный свет

ndriçim dielli

туча

re

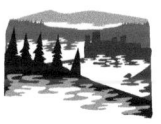

туман

mjegull

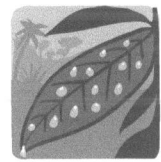

влажность воздуха

lagështi

молния

vetëtima

гром

gjëmim

буря

stuhi

град

breshër

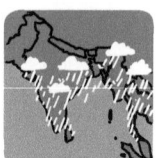

муссон

muson

наводнение

përmbytje

лёд

akull

январь

janar

февраль

shkurt

март

mars

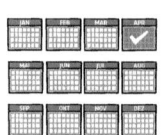

апрель

prill

май

maj

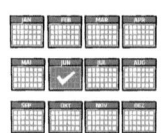

июнь

qershor

июль

korrik

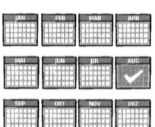

август

gusht

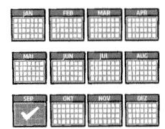

сентябрь

shtator

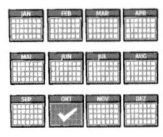

октябрь

tetor

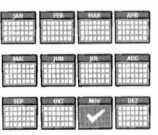

ноябрь

nëntor

декабрь

dhjetor

формы

forma

круг

rreth

квадрат

katror

прямоугольник

drejtkëndësh

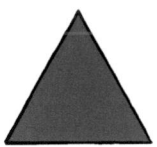

треугольник

trekëndësh

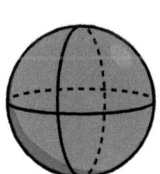

шар

sferë

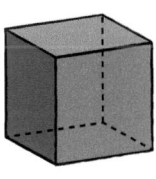

куб

kub

белый

e bardhë

желтый

e verdhë

оранжевый

portokalli

розовый

rozë

красный

e kuqe

лиловый

vjollcë

синий

blu

зелёный

e gjelbër

коричневый

kafe

серый

gri

черный

e zezë

много / мало

shumë / pak

яростный / мирный

i nevrikosur / i qetë

красивый / уродливый

i bukur / i shëmtuar

начало / конец

fillim / fund

большой / маленький

i madh / i vogël

светлый / темный

i ndritshëm / i errët

брат / сестра

vëlla / motër

чистый / грязный

e pastër / e pistë

полный / неполный

e plotë / jo e plotë

день / ночь

ditë / natë

мёртвый / живой

gjallë / vdekur

широкий / узкий

i gjerë / i ngushtë

съедобный / несъедобный

i ngrënshëm / i pangrënshëm

злой / дружелюбный

i keq / i këndshëm

взволнованный / скучающий

i lumtur / i mërzitur

толстый / худой

i shëndoshë / i dobët

сначала / в конце

e para / e fundit

друг / враг

mik / armik

полный / пустой

plot / bosh

твёрдый / мягкий

e fortë / e butë

тяжёлый / легкий

e rëndë / e lehtë

голод / жажда

uri / etje

больной / здоровый

i sëmurë / i shëndetshëm

незаконный / законный

e paligjshme / e ligjshme

умный / глупый

i zgjuar / budalla

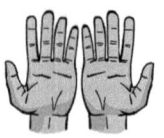

слева / справа

majtas / djathtas

близко / далеко

afër / larg

новый / подержанный

e re / e përdorur

ничто / нечто

asgjë / diçka

старый / молодой

i moshuar / i ri

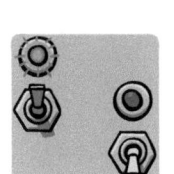

включено / выключено

ndezur / fikur

открыто / закрыто

hapur / mbyllur

тихо / громко

i qetë / i zhurmshëm

богатый / бедный

i pasur / i varfër

правильный /
неправильный
e drejtë / e gabuar

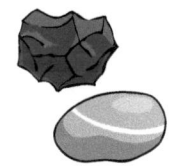

шероховатый / гладкий

i ashpër / i butë

печальный / счастливый

i mërzitur / i lumtur

короткий / длинный

i shkurtër / i gjatë

медленный / быстрый

ngadalë / shpejt

мокрый / сухой

i lagësht / i thatë

тёплый / прохладный

ngrohtë / freskët

война / мир

luftë / paqe

противоположности - të kundërta

0

ноль

zero

1

один

një

2

два

dy

3

три

tre

4

четыре

katër

5

пять

pesë

6

шесть

gjashtë

7

семь

shtatë

8

восемь

tetë

9

девять

nentë

10

десять

dhjetë

11

одиннадцать

njëmbëdhjetë

12
двенадцать
dymbëdhjetë

13
тринадцать
trembëdhjetë

14
четырнадцать
katërmbëdhjetë

15
пятнадцать
pesëmbëdhjetë

16
шестнадцать
gjashtëmbëdhjetë

17
семнадцать
shtatëmbëdhjetë

18
восемнадцать
tetëmbëdhjetë

19
девятнадцать
nentëmbëdhjetë

20
двадцать
njëzetë

100
сто
qind

1.000
тысяча
mijë

1.000.000
миллион
milion

английский

anglisht

американский английский

anglishte amerikane

мандаринский китайский

kinezisht mandarin

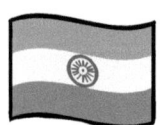

хинди

hindi

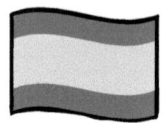

испанский

spanjisht

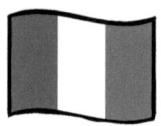

французский

frëngjisht

арабский

arabisht

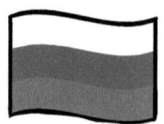

русский

rusisht

португальский

portugalisht

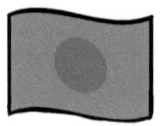

бенгальский

bengalisht

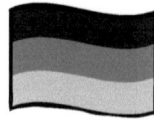

немецкий

gjermanisht

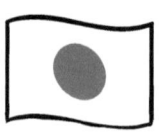

японский

japonisht

я

unë

ты

ti

он / она / оно

ai / ajo

мы

ne

вы

ju

они

ata

кто?

kush?

что?

çfarë?

как?

si?

где?

ku?

когда?

kur?

имя

emër

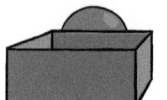

за
....
pas

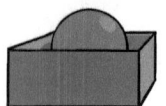

в
....
në

перед
....
përballë

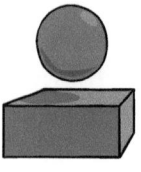

над
....
sipër

на
....
mbi

под
....
poshtë

рядом
....
pranë

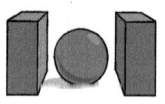

между
....
midis

место
....
vend